415

OBSERVATIONS

CRITIQUES

SUR

L'ACTE ADDITIONNEL

AUX

CONSTITUTIONS DE L'EMPIRE.

OBSERVATIONS

CRITIQUES

SUR

L'ACTE ADDITIONNEL

AUX

CONSTITUTIONS DE L'EMPIRE.

PAR LA SALE-FOASSA, FILS,
(DU MONT-BLANC.)

Le Peuple qui renonce à la discussion de ses droits, doit renoncer à la liberté.

PARIS,

DELAUNAY, LIBRAIRE, AU PALAIS-ROYAL.

MAI 1815.

L'auteur ne présente ces Observations que comme des doutes sur lesquels il ne lui appartient pas de prononcer. Dans les circonstances où nous nous trouvons, la patrie attend de ses enfans qu'ils concourent tous, en raison de leurs facultés et de leurs lumières, à l'élévation de l'édifice qui doit fonder son bonheur. Mais le citoyen qui immole alors son amour-propre à son devoir, n'a-t-il pas le droit de demander que l'on juge moins son style que ses sentimens?

OBSERVATIONS

CRITIQUES

SUR L'ACTE ADDITIONNEL AUX CONSTITUTIONS DE L'EMPIRE.

Je me propose de faire un examen rapide des principaux articles de l'Acte additionnel aux Constitutions de l'empire, soumis à l'acceptation du peuple français. La forme dans laquelle cet Acte nous a été donné ne sera point l'objet de mes remarques. Elle a été jugée ; et le Gouvernement n'a pu se dissimuler combien il avait peu rempli à cet égard l'attente de la Nation. Je ne m'arrêterai point non plus sur les circonstances qui ont motivé ou justifié sa conduite. Le décret du 30 avril donne sur ce point des explications propres à rassurer les esprits les plus ombrageux, et à ne laisser aucun doute sur les intentions de l'Empereur. Ainsi, je ne m'attacherai qu'au fond des dispositions que cet Acte renferme, la forme me semblant peu essentielle lorsque, d'ailleurs, elle ne viole pas le principe fondamental de la souveraineté du Peuple et de la liberté des citoyens.

> Art. 3. « La première Chambre, nommée Chambre des Pairs, est héréditaire. »

> Art. 4. « L'Empereur en nomme les membres, qui sont irrévocables, eux et leurs descendans, d'aîné en aîné, en ligne directe. Le nombre des pairs est illimité. . . . . »

L'hérédité des Pairs est l'objet de la critique, je dirai même du mécontentement général. Cependant cette hérédité, qui choque les idées du jour, n'est point sans de grands avantages. Peut-être est-elle l'unique moyen praticable d'assurer l'entière indépendance des membres de cette Chambre, sans compromettre la sûreté du trône. Elle paraît interdire aux citoyens l'entrée dans le premier corps de l'Etat, auquel, à la rigueur, ils devraient tous avoir le droit d'aspirer ; mais n'est-ce pas ici le cas de faire le sacrifice d'une faible partie de ses prétentions, pour obtenir une plus forte garantie de toutes les autres ? D'ailleurs tous les Pairs n'auront pas de la postérité, et dès-lors l'émulation n'est point entièrement détruite. La publicité des débats, et surtout l'exercice de la liberté de la presse, ne leur permettra pas de se soustraire à l'influence de l'opinion publique, de cette opinion qui, chez un peuple éclairé, finit toujours par contenir, et même par soumettre à son impulsion, le Gouvernement le plus absolu.

La pairie héréditaire blesse le système d'égalité pour lequel les Français ont fait tant de sacrifices, et dont ils paraissent maintenant si jaloux. C'est un inconvénient, sans doute ; mais ne vaut-il pas mieux s'y assujétir sur-le-champ plutôt que de courir le risque de s'attirer les plus grands maux ? En vain vous obtiendrez que la pairie soit élective ; l'inconvénient que vous aurez voulu éviter n'en existera pas moins de fait, et pour l'honneur d'un principe dont l'application sans réserve est un problème, vous mettrez l'Etat sur le penchant de sa ruine. Pourra-t-on empêcher que cette dignité ne devienne en résultat le patrimoine d'un certain nombre de familles, que le hasard ou de glorieux services auront placées auprès du trône ? Et dans ce cas, n'est-il pas plus convenable, et surtout moins dangereux, qu'elles en soient en possession par une disposition irrévocable, plutôt que de les exposer à l'acheter aux dépens des priviléges de la Nation et de leur propre indépendance ?

Le vice de l'hérédité est principalement dans la transmission forcée des droits et des dignités d'un homme de mérite à son descendant, qui peut n'être qu'un sot, un lâche, en un mot, un mauvais citoyen. Mais pense-t-on que les gouvernemens soient plus heureux dans leur choix que la nature dans la distribution de ses dons, et qu'ils n'appellent aux premiers emplois que des sujets vraiment dignes de les remplir ? Si quelqu'un soutenait cette étrange assertion, nous lui opposerions les huit siècles qui ont précédé la révolution française, et même les vingt-cinq années qui l'ont suivie. Nous lui prouvérions, qu'à quelques exceptions très-rares, ceux qui occupent ordinairement les plus importantes charges des Etats en sont redevables bien moins à leurs services et à leurs talens, qu'à l'intrigue, au hasard, au caprice, et quelquefois même aux défauts qui devraient les en éloigner.

Si la pairie est conférée par la seule volonté du Prince, elle sera immanquablement la proie d'une poignée de courtisans qui auront surpris sa religion ; et alors elle n'offrira plus aucune garantie pour la liberté. Si, au contraire, c'est le Peuple qui en désigne les membres, la prérogative royale sera réduite à sa propre force, pour se maintenir contre les factions, et l'Etat tombera nécessairement dans l'anarchie ou dans le despotisme. Qui nous préservera de ces deux écueils ? l'hérédité de la pairie.

Ne nous élevons donc pas contre une institution qui fera la sûreté de tous nos intérêts. Il faut qu'à leur entrée dans leur brillante carrière, les Pairs soient tellement pénétrés du sentiment de leur indépendance, que les faveurs du monarque soient en quelque sorte au-dessous d'eux. La nomination à vie ne remplirait qu'imparfaitement ce but ; car chaque Pair tiendrait à perpétuer dans sa famille, la dignité dont il aurait été revêtu. De là, la crainte de déplaire au Gouvernement par une ferme opposition à des mesures inconstitutionnelles ; celle de choquer un ministre, dispensateur des grâces de la cour, en dénonçant des actes arbitraires ou en blâmant des opérations nuisibles à l'Etat ; de là, enfin, le silence de quelques-uns, les flatteries du plus grand nombre, la docilité de tous, et l'anéantissement de la représentation nationale.

On redoute dans l'hérédité de la pairie, un acheminement au retour des anciens préjugés qui établissaient des distinctions odieuses entre les citoyens. Cette crainte est, selon moi, chimérique ; car la pairie, quoique héréditaire, ne

constitue point une noblesse. La noblesse héréditaire, inutile à l'Etat, ne pouvait qu'être funeste à la liberté, aux progrès de l'industrie et
des lumières, et à l'émulation qui doit animer
tous les esprits pour le plus grand bien de la patrie. La pairie héréditaire est au contraire, un
des plus fermes soutiens de la liberté publique,
source de tous les genres de prospérité. L'une,
outrageante pour la raison, est entièrement fa-
vorable au despotisme dont elle est une émana-
tion. L'autre, placée entre le Peuple et son premier magistrat, comme corps intermédiaire,
indépendant de tous les deux, est spécialement
instituée pour la conservation de leurs droits
respectifs. Celle-ci, absurde, dans son principe,
funeste dans ses conséquences, devait s'écrou-
ler avec les restes de notre ancienne barbarie,
Celle-là, créée pour le salut commun, aura le
sort de ces institutions consacrées qui survivent
aux orages des révolutions. Enfin, la première,
avantageuse à une classe d'individus seulement,
blesse et anéantit les droits de la masse ; tandis
que la seconde, en assurant le bien de tous, ne
porte atteinte aux droits de personne (*).

(*) Le décret du 13 mars ayant aboli la noblesse, pour-
quoi ne proscrit-on pas les titres de ducs, comtes et ba-

Il est évident, au surplus, que cette hérédité n'est vue qu'avec une extrême défaveur. Or, on propose maintenant cette question : « Une mesure salutaire, en elle-même, et d'où dépend peut-être le bonheur de la Nation, devient-elle vicieuse, par cela seul que l'opinion générale la réprouve ? et dès lors devient-il urgent de la modifier » ?

Mais si j'admets l'hérédité de la pairie comme une des bases fondamentales d'une monarchie constitutionnelle, j'avoue que je ne puis m'empêcher d'être alarmé de la disposition qui porte que le nombre des Pairs sera illimité. L'imagination est effrayée de la foule d'individus qui, sous des ministres pervers, ou sous un prince peu éclairé, pourraient être appelés à cette éminente dignité. Cette supposition nous transporte bien loin dans l'avenir ; je le sais, mais ne travaillerons-nous sans cesse que pour le moment ac-

rons, qui rappellent les préjugés de la féodalité ? Peut-on être revêtu de l'un de ces titres, et ne pas se persuader que l'on est noble ? La nation reviendra sans doute sur cette institution anti-libérale. En attendant, il me sera bien difficile de donner à M. Carnot la qualification de comte. Cela me paraît aussi étrange que de dire M. Phocion, M. Philopœmen, tant la véritable vertu est supérieure à ces puériles distinctions.

tuel, et sera-t-il toujours dit que les droits des Français ne seront jamais assurés par une Charte vraiment nationale qu'ils puissent enfin transmettre à leurs arrière-neveux ? L'intérêt ni la l'intention du Gouvernement ne peut être de prostituer la pairie, et d'en faire un instrument pour anéantir l'influence populaire ; mais, quelque pénétré que l'on soit de cette vérité, il est essentiel d'éviter tout ce qui peut porter ombrage à la Nation, et lui fournir de justes sujets d'inquiétudes. En vain, l'on atteste que l'Empereur ne veut point que le nombre des Pairs excède la moitié de celui des Représentans : une disposition de cette importance, devrait être énoncée formellement. Cette précaution aurait, en outre, l'avantage d'écarter les prétentions de ces hommes avides et ambitieux qui fatiguent le gouvernement de leurs demandes, le Prince de leurs flagorneries, et le Peuple de leur faste insultant et de leurs orgueilleux dédains. Renfermée dans de justes limites, la pairie est le boulevard du trône, et la sauve-garde des citoyens ; mais si elle recevait un jour trop d'extension, elle deviendrait fatale à tous, puisqu'elle romprait l'équilibre des pouvoirs, et donnerait lieu par là à une révolution dans le corps politique.

On pourrait fixer le nombre des Pairs à trois cents au plus. Ceux que l'hérédité appellerait à faire partie de la Chambre, ne pourraient y avoir voix délibérative qu'à fur et à mesure des vacances. Toute exception à cette règle, pour des récompenses nationales, serait proposée dans la forme des lois.

Art. 9. « La deuxième Chambre, nommée Chambre des Représentans, est élue par le peuple. »

Art. 8. « Les membres de cette Chambre sont au nombre de six cent vingt-neuf. Ils doivent être âgés de vingt-cinq ans au moins. »

Le nombre des députés fixé par les lois antérieures, était évidemment trop restreint. Deux cent cinquante députés pouvaient-ils décemment représenter une population de vingt-cinq millions d'habitans ? c'est donc une chose très-sage et très-favorable au peuple que d'en avoir augmenté le nombre. Il en est de même de la disposition qui autorise à les choisir à l'âge de vingt-cinq ans. La Charte royale en exigeait quarante ; mais à cet âge les hommes ont en général contracté des liaisons d'intérêt et de famille, qui refroidissent singulièrement leur zèle pour le service de la patrie. Ils sommeillent, alors que les jeunes gens veillent. Ceux-ci sont plus accessibles à toutes les idées généreuses et patriotiques, et ne voient que de la gloire là où les autres voient des dangers. L'âge mûr, blasé par l'expérience, soumet presque toujours ses opinions à des calculs personnels. Au sortir des secousses révolutionnaires, lorsqu'on a vu tant de gens trafiquer de leurs suffrages et proscrire le lendemain ce qu'ils avaient encensé la veille; lorsque soi-même on a participé involontairement à l'instabilité des institutions passagères auxquelles on avait concouru; lorsqu'on a arboré toutes les couleurs, prôné tous les systèmes et révéré tous les pouvoirs qui se sont succédé avec une si étonnante rapidité, les ressorts de l'âme sont usés; et l'on ne doit plus éprouver que le besoin de concentrer en soi-même ses affections et ses vues. Si quelques esprits d'une trempe supérieure ont résisté à cette fatale contagion, on ne peut disconvenir que la majorité n'ait montré une déplorable versatilité. C'était moins le tort des hommes que la faute des circonstances. J'en conviens; mais le mal que cela a fait à la Nation, en altérant les caractères, n'est malheureusement que trop réel. Une carrière moins épineuse s'ouvre aujourd'hui pour les jeunes gens que la révolution a vu naître. Puissent-ils n'y entrer qu'en s'éclairant des erreurs et des calamités de leurs pères !

> Art. 9. « Le président de la Chambre des Représen-
> tans est nommé par la Chambre, à l'ouverture de
> la première session. Il reste en fonctions jusqu'au
> renouvellement de la Chambre. Sa nomination est
> soumise à l'approbation de l'Empereur. »

On a cru remarquer deux vices dans cet article. Le premier est la prolongation de la présidence pendant toute la durée de la législa-
ture ; le second est la nécessité d'obtenir l'approbation de l'Empereur pour cette nomination.

Quel inconvénient y aurait-il à ce que la
Chambre se choisît un président à l'ouverture
de chaque session ? il n'est pas impossible que
trompée par une réputation en apparence bien
fondée, elle ne soit d'abord exposée à faire un
choix dont elle aurait par la suite à se repentir.
Les corps ne sont-ils pas sujets à l'erreur comme
les simples particuliers ? Faudra-t-il que la Chambre soit condamnée pendant cinq ans à de
cruels, mais inutiles regrets ? D'ailleurs, cette
présidence n'est-elle pas du nombre de ces ma-
gistratures qu'on ne peut, sans péril, laisser
trop long-temps entre les mêmes mains ? La
cour et les ministres ne peuvent-ils pas, dans

l'intervalle des sessions , entourer le président de tant de séductions, l'enchaîner par tant de bienfaits, que bientôt il ne lui reste plus que l'alternative ou de trahir ses devoirs, ou de manquer à la reconnaissance? Et si, une fois, la personne qui remplirait cette fonction suprême, était exclusivement dévouée au pouvoir exécutif, quelle influence ne porterait-elle pas au sein de l'assemblée qui l'aurait placée à sa tête? Otez à cet égard toute espèce de crainte à la Nation, et faites en sorte qu'elle trouve une plus forte garantie de ses droits dans l'indépendance absolue de ceux auxquels elle a confié le soin de les défendre.

Quant à l'approbation réservée à l'Empereur, ce qu'on peut en dire de moins défavorable , c'est qu'elle ne sera jamais qu'une simple formalité. Toutefois cette formalité se présentant comme une sorte d'entrave à la volonté de la Chambre, le Gouvernement devrait, ce me semble, y renoncer. Autant il est convenable que le prince exerce une juste influence dans la Chambre des Pairs, autant il serait dangereux qu'il en eût une trop marquée dans la Chambre des Représentans. Ici, l'expression du vœu public, lors même qu'il serait opposé à la volonté royale, ne doit éprouver aucune espèce de

gêne ; or, tout ce qui tendrait, soit directe-
ment, soit indirectement, à la comprimer, est
contraire au but d'une bonne Constitution, et
doit être essentiellement écarté. Il ne faut pas
que le président ait l'air de devoir à la Cour,
l'honneur qu'il n'aura reçu que de l'estime et
de la confiance de ses collègues.

> Art. 13. « La Chambre des Représentans est renou-
> velée de droit tous les cinq ans. »

Ce terme a paru trop long. L'élection de ses
Représentans est à peu près le seul acte de souveraineté conservé au Peuple. Il serait nécessaire qu'il fût fréquemment appelé à l'exercer.
On finit quelquefois par oublier un droit dont
on ne fait usage qu'à de longs intervalles, et de
cet oubli naît une coupable indifférence pour
le bien public. L'ancien mode de renouvelle-
ment n'offrait pas le même danger. Peut-être
serait-il à désirer que l'on y revînt. Les élec-
teurs auraient au moins chaque année la faculté
de réparer un mauvais choix. Une grande partie de nos derniers malheurs n'aurait-elle point
son origine dans les causes qui ont rendu les
citoyens presque entièrement étrangers au gouvernement de l'Etat? car, il faut bien l'avouer,

l'ancien Sénat et l'ancien Corps-Législatif, n'offraient qu'un simulacre de représentation nationale.

On voudrait aussi qu'on eût prévu le moyen de pourvoir aux vacances que des décès, ou tout autre motif, pourraient occasionner dans la Chambre, afin que chaque département ait toujours au complet le nombre de Représentans qui lui est assigné par la loi.

> Art. 21. « L'Empereur peut proroger, ajourner et dissoudre la Chambre des Représentans. La proclamation qui prononce la dissolution convoque les colléges électoraux pour une élection nouvelle, et indique la réunion des représentans dans six mois au plus tard. »

La faculté donnée au monarque de dissoudre la Chambre des Représentans est ce qui alarme le plus les amis de la liberté. Ils voudraient qu'on pût en restreindre l'usage à quelques cas prévus et clairement déterminés, de telle sorte que l'abus de ce droit ne pût jamais nous faire retomber sous le joug du pouvoir arbitraire.

« Par la nature de ses relations et de sa position géographique, objectent-ils, et surtout à

cause de la haine ou de la jalousie de ses voi-
sins, la France est constamment obligée de tenir
sur pied une armée considérable, dont la disposition est abandonnée au monarque ; les dignités, les emplois, les honneurs, enfin toute espèce de grâces viennent exclusivement de lui ;
la Chambre des Pairs est particulièrement inté-
ressée à ce que son autorité ne soit point ébran-
lée, et il est investi sans réserve de toute la force
de la nation pour faire exécuter les lois. Ajou-
tez à cela les moyens secrets dont les ministres
ne font jamais confidence, et la pente naturelle
qu'ont les Français à vouer un amour exa-
géré à celui qui les gouverne : combien ne
voilà-t-il pas de raisons pour rassurer le
Gouvernement contre l'opposition la plus ma-
nifeste qu'il ait à essuyer de la part des Représentans

« On fait un monstre de l'anarchie, et sous
le prétexte de la prévenir, on retient les peuples
dans un honteux asservissement. C'est la politique ordinaire des rois. Mais l'anarchie, quelque terrible qu'elle soit, est bien moins à crain-
dre que le despotisme. Au sein des discordes
civiles, les âmes s'agrandissent, se fortifient ;
des hommes méconnus prennent un essor pro-

digieux, et par l'éclat de leurs qualités brillantes et de leurs actions extraordinaires, vont absoudre cette triste époque des crimes et des malheurs qu'elle rappelle à la postérité. La tyrannie flétrit les cœurs, amortit les courages, dégrade les caractères, arrête l'élan des pensées généreuses; et empoisonne toutes les sources de l'amour de la liberté et de la patrie. La première n'a qu'un temps, et fait éclore des germes de force, d'indépendance et de grandeur, qui réparent les maux qu'elle a causés. La seconde embrasse une longue suite de siècles (témoins les quatorze cents ans de la monarchie française), et lorsqu'elle tombe enfin écrasée sous ses propres abus, elle laisse partout des levains de corruption, de bassesse et d'infamie, qui opposent encore de dangereux obstacles à la prospérité nationale. En un mot, si l'anarchie est la fièvre des nations, on peut bien dire que le despotisme en est la mort. »

Cependant si une faction audacieuse se formait dans la Chambre des Représentans; si des orateurs véhémens, doués d'une tête exaltée, d'une éloquence entraînante, habiles à manier les esprits, et à mettre en jeu les passions, acquéraient sur cette assemblée un dangereux ascendant; si le Peuple, égaré par eux, tentait dans un moment de délire de briser le joug salutaire des lois, et menaçait de s'abandonner à une licence effrénée; si la Chambre des Pairs, elle-même, esclave de la faveur populaire, était prête à se lancer hors de la sphère de ses attributions; enfin, si l'on avait à redouter les épouvantables désordres qui signalèrent le renversement de la constitution de 1791, que pourrait faire alors le Gouvernement? Ne faut-il pas qu'il trouve dans la Constitution même, les moyens d'arrêter l'incendie qui pourrait un jour embraser le vaisseau de l'Etat, ou bien ne lui restera-t-il que l'alternative, ou de succomber, ou de recourir à des mesures violentes et arbitraires? Que l'on y réfléchisse mûrement, et peut-être trouvera-t-on que cette faculté, en apparence si formidable, est une nouvelle garantie pour le maintien de la Constitution. Tout ce que l'on pourrait exiger, ce serait que le terme de six mois fixé pour une nouvelle réunion des Représentans, fût réduit à trois, ainsi que cela devait avoir lieu d'après l'Ordonnance de réformation de 1814.

Art. 23. « Le Gouvernement a la proposition de la
loi.........

Art. 24. « Les Chambres ont la faculté d'inviter le
Gouvernement à proposer une loi sur un objet
déterminé.......... »

Ne serait-il pas plus convenable de laisser l'i-
nitiative des lois à chacune des trois branches
du pouvoir législatif, ou même d'en faire
le partage exclusif des deux Chambres dans
le sein desquelles le Prince peut choisir ses
ministres ?

Art. 25, « Lorsqu'une rédaction est adoptée dans
l'une des deux Chambres, elle est portée à l'autre ; et si elle y est approuvée, elle est portée à
l'Empereur. »

Cet article paraît présenter une lacune. La
loi proposée par les deux Chambres pourrait-
elle être rejetée par le Gouvernement ? je penche
pour l'affirmative ; mais dans ce cas, son *veto*
sera-t-il définitif, ou ne sera-t-il que suspensif ?
Une solution à ces deux questions me semble
indispensable.

Art. 26. « Aucun discours écrit, excepté les rapports des commissions, les rapports des ministres
sur les lois qui sont présentées et les comptes qui

sont rendus, ne peut être lu dans l'une ou l'autre des deux Chambres. »

Cette disposition n'est-elle pas ici déplacée ? Les Français sont très-peu familiarisés avec l'improvisation, et indépendamment des difficultés qui tiennent à la nature de leur idiôme, ils n'ont pas encore une assez grande habitude des discussions publiques pour parler d'abondance sur des matières du plus haut intérêt. Le temps aurait probablement fait prévaloir cet usage ; mais n'y a-t-il pas de l'inconvénient à en faire, dès aujourd'hui, une obligation formelle ? On veut prévenir sans doute l'interminable longueur de ces rhéteurs éternels qui, perdant de vue le vrai point de la discussion, nous égarent avec eux dans les labyrinthes d'une vaine et obscure métaphysique. Cela serait un grand avantage ; mais comme on ne peut leur interdire d'emprunter le secours de leur mémoire, le but de cette disposition sera facilement éludé. Au reste, pour la majorité de la Nation, les principes fondamentaux de nos libertés sont plutôt devinés que clairement établis. Ils ont besoin d'être consolidés par des opinions mûrement approfondies et développées avec autant de force que de précision. Quant à l'abus qui

pourrait résulter des discours écrits, les régle-
mens intérieurs des Chambres y porteraient ai-
sément remède. Dans tous les cas, il me paraît
qu'il faut, au moins, étendre l'exception à toute
proposition de loi nouvelle.

> Art. 29. « A dater de 1816, un membre de la
> Chambre des Pairs, désigné par l'Empereur, sera
> président à vie et inamovible de chaque collége
> électoral de département. »

Le privilége que cet article confère au monarque me semble à peu près insignifiant; néanmoins, comme il tend à donner au Gouvernement une influence directe sur les élections,
on voudrait qu'il consentît à le rapporter. Pour
maintenir dans toute son intégrité la division
des différentes attributions qui constituent le
pouvoir législatif, il convient que chacune des
branches de ce pouvoir se renferme strictement
dans les prérogatives qui sont de son essence.
Il n'en est pas de plus sacrée pour le Peuple que
celle d'élire dans une entière liberté les défen-
seurs de ses droits, et il est disposé à croire qu'on
a l'intention de l'en dépouiller, lorsqu'on ne
s'interdit pas avec soin tout ce qui, à ses yeux,
paraît y porter atteinte,

Art. 65. « Le droit de pétition est assuré à tous les citoyens. Toute pétition est individuelle. Ces pétitions peuvent être adressées soit au Gouvernement, soit aux deux Chambres : néanmoins ces dernières même doivent porter l'intitulé : *à S. M. l'Empereur*. Elles seront présentées aux Chambres, sous la garantie d'un membre qui recommande la pétition....... »

Ces dispositions mettent trop d'entraves à l'exercice du droit de pétition, et ce n'est pas avec des réserves qui portent l'empreinte de la plus grande méfiance, que l'on encourage les citoyens à faire parvenir leurs plaintes ou leurs vœux à l'autorité suprême.

Toute pétition est individuelle. Cela veut-il dire que plusieurs individus, victimes d'une même injustice, ne pourront adresser leur réclamation collectivement ? Interdit-on à une société, à une commune, à un département enfin, la faculté de présenter une pétition revêtue de plusieurs signatures ?

Si la pétition que l'on veut adresser à l'une des Chambres doit porter l'intitulé *à S. M. l'Empereur*, quelle gêne n'éprouvera-t-on pas dans sa rédaction ? C'est au pouvoir exécutif que l'on sera forcé de réclamer contre les abus du pouvoir exécutif! Il faudra que l'on donne nécessairement des entorses à sa pensée pour ne pas être inintelligible.

Quant à la garantie exigée d'un membre de l'une ou de l'autre Chambre, pour chaque pétition, ne paraît-elle pas restreindre le droit le plus sacré aux parens , aux amis et aux seules connaissances d'un Pair ou d'un Représentant?

Non, ce n'est point ainsi que la loi doit assurer à tous les citoyens, la réparation, ou du moins le terme des torts qu'ils peuvent être injustement dans le cas de souffrir.

CONCLUSION.

TELS sont les principaux articles de l'acte additionnel que l'opinion générale paraîtrait vouloir réformer. Plusieurs citoyens ont déjà fait entendre leur voix, et la noble franchise avec laquelle ils se sont exprimés est le plus bel hommage rendu à la liberté dont nous jouissons. Les imperfections qu'ils ont remarquées dans la Constitution pourront disparaître par la suite.

Peut-on douter que l'Empereur ne soit déterminé à suivre, à cet égard, la volonté de la Nation, légalement transmise par l'organe de ses
Représentans ? Bientôt ils se presseront autour
de sa personne ; bientôt ils feront retentir aux
oreilles du héros, les cris d'amour et de reconnaissance qui s'élèvent de toutes les parts de ce
bel Empire.

Fidèles à leurs devoirs, pénétrés de la dignité
de leur mission, et fiers de la confiance de leurs
concitoyens, ils éviteront de mêler aux accens
d'une juste admiration, les dégoûtantes adula-
tions de la flatterie.

En proposant avec une respectueuse mais
pleine liberté, leurs doutes sur quelques dispositions de l'Acte qu'ils seront chargés de consa-
crer, ils rendront grâce au grand homme, qui,
abandonnant sans retour des projets qui n'ont
pas fait le bonheur de la France, quoiqu'ils aient
ajouté à sa gloire, *entoure les droits des citoyens de toutes leurs garanties, donne au système représentatif toute son extension, investit
les corps intermédiaires de la considération et
du pouvoir désirable,* ouvre à la noble ambition
de la jeunesse, une carrière brillante dans les
assemblées de la Nation, soumet les agens de son

pouvoir à une inévitable responsabilité, proclame et garantit l'égalité des droits, la sûreté des personnes, la liberté des cultes, et ce beau droit si utile, si nécessaire de publier ses pensées sans être assujéti à d'absurdes entraves ; enfin, ils lui rendront grâce d'avoir étendu ses regards sur l'avenir, et de préserver à jamais la France du retour de la féodalité, de l'intolérance des prêtres, et de ces distinctions gothiques toujours inutiles, souvent odieuses et éternellement ridicules.

Que l'Europe arme aujourd'hui contre lui ; que de vils transfuges, encroûtés de préjugés et d'ignorance, ne respirent qu'après la dévastation et la ruine de leur patrie ; que les despotes du Nord appellent aux combats leurs farouches esclaves ; que les rois que sa main puissante affermit sur leurs trônes, persistant dans leur lâche ingratitude, joignent à ses ennemis, des soldats qu'il voulut former pour la victoire : la France, fière et tranquille, attend sans crainte le débordement de toutes leurs forces. Les vainqueurs d'Ulm, d'Austerlitz, d'Iéna, et de Lutzen, sont prêts à ramasser le gant, et à rejeter loin de nos frontières, les premiers audacieux qui tenteraient de les franchir.

Le Peuple souverain n'hésitera pas à se lever
en masse pour punir d'injustes et cruels agres-
seurs; et les mêmes mains qui tracent paisible-
ment dans l'intérieur, les principes tutélaires
de la liberté publique, s'armeront avec trans-
port du fer vengeur, à la voix de Napoléon, de
l'honneur et de la patrie.

FIN.

DE L'IMPRIMERIE D'ADRIEN EGRON,
rue des Noyers, n°. 37.